Vom Fliegenbein
zum Menschenrücken

BOOKS on DEMAND

Sigi Heider

Vom Fliegenbein zum Menschenrücken

Poetische Anatomie für Fortgeschrittene

Bibliografische Information der Deutschen Nationalbibliothek:
Die Deutsche Nationalbibliothek verzeichnet diese Publikation in
der Deutschen Nationalbibliografie; detaillierte bibliografische
Daten sind im Internet über http://dnb.dnb.de abrufbar.

© 2018 Sigi Heider

Herstellung und Verlag: BoD – Books on Demand, Norderstedt

ISBN: 978-3-7528-1730-0

Inhalt

Morgendämmerung

Das Grau in der Morgensonne,
die Sortierung des Lebens,
das Lebenssortiment -
mitunter in Pastell und Plastik.

Geburt eines Fisches

Und er sprach zum Fluss:
Werde Brot!

Und er brach das Brot
und frass den Fisch.

Knospenfallen im Kiosk:
Noch nie was gehört von Knosken?
Die Stimme des Kolkraben im Hintergrund:
Erwachen am Montag, Pfingsten.

Musik

Holzriss
im Unklang,
zunächst haftend, …

dann die Erlösung
im Wohlklang.

Liegt ein Lied im Doppelgesicht,
in der Tränenspur,
dünn und weiss,
schneeweiss.

Wächst in mir ein Lied,
dosengleich und deckelflach.
Alle gehen sie vorbei,
der Mond nimmt sich Wolken,
die Nacht nimmt sich Zeit,
doch keiner gibt Geld.

Schreiben mit Fäusten
in blaue Fenster,
fühlen mit Herzen
am Glas,
vielleicht ist es Liebe,
vielleicht ist es nichts,
habe gehört,
sie ist ein Mensch,
sie lebt und singt,
singt und singt.

Das ist wie Flöhe ohne Beine,
wie See ohne Wasser:
Gehen,
irgendwohin,
im Sommer
ohne Musik.

Kleekerzen, Herbstleuchten,
Musikflocken sinken im Fluss,
Wolken über die Welt getupft.

Orte

Das ist dort,
wo oben die kann sie nicht sehen gehen,
wo jenseits die Rosen stehen
und ganz unten Asche fällt.

Stelle sie in den Wald,
lass tausend Liter Wasser über sie fallen,
bis sie auf ewig eingemoost sind,
tief und grün.

Tausende Welten,
Glaswelten,
in der Vorstadtallee,
ausgekühlt,
vergessen.

Gelegt in Gelb
im Randgebiet
ein Ei.

Fels und Stein

Ich suchte die Steine, die alten,
die kleinen, die grossen,
die Steine der Alpen.

Das Tier ist es nicht,
grün im Abgehen, fallend.
Die Wunde klafft,
abziehend, vergriesst,
rotlos im Stein.

Legte Stein für Stein
auf die Welt,
auf weisse Haut,
Wunde für Wunde,
neben tiefe Täler.

Felsenbluten,
moosend,
eisengesplitterbetan,
rosenlos.

Bleibe im Berg,
meide Blau,
gehe tiefer,
werde still!

Pflanzen

Es begann mit einer kleinen Orange,
Jungfichten
und rostenden Eisenschichten.

Gesunde Bäume sind neutral:
Sie schauen ein bisschen nach allen Seiten
und ein bisschen mehr nach der Sonnenseite.

Diese Decken-Erreicher, Bedränger und Angreifer,
grün in der Farbe,
bestachelt und staubig:
Zufälliges Hindernis?
Verwehrter Durchbruch?

Ich leide mit dir,
vergilbende Palme,
abdorrend
und irgendwie mit einem Lächeln,
hängend in den Lefzen.

Liebe nie einen Apfel,
seine Haut ist viel zu zäh!
Liebe nie einen Apfel,
sein Kern sitzt viel zu tief!
Liebe nie einen Apfel,
du Wurm!

Blauton am Freitagmorgen,
Weissfaden ist keine Alternative.
Im Feld kolben die Maisen,
von Nebel keine Spur.

Pinseln die Pappeln
dem Schloss zu Füssen,
spiegeln die Wolken,
gefaltet im Grünen,
ewiges Wasser.

Fällt Grün über Grün,
wie Rosen über Rosen,
das Blätterkleid der Akazie
über den Fluss.

Blühend im Holz,
weiss, hängend,
hochlippende Liebesdochte.

Die feuchten Rillen,
bewürzt,
im Fruchtfleisch der Feige.

Dann haben sie sich abgewendet,
gegen Süden geneigt,
sind langsam eingesunken:
kleine, gelbe Bananenhäuschen.

Tiere

An der Blattunterseite,
im Südwind,
rötlich,
auf halber Höhe,
Blausieb,
tödlich.

Warten und warten,
warten bis ans Ende des Blattes,
dort, wo der Käfer hockt -
dann fällt er ab.

Warten und warten,
wo niemand mehr hockt,
Füsschenspuren -
vielleicht waren es sechs.

Hören am Wasser,
endlos Rauschen
im Sonnenlicht.

Und die Bienen, die fliegenden,
mit den hängenden Beinen,
bringen später den Pollen zurück.

Stand rot am Rand
der Säulenfuchs,
frass
vom himmelstrebenden
Grüngekolbe.

Birkenfassade,
drahtüberspannt.
Dahinter,
hellgrün belaubt,
Popcorn pickende Meisen.

Kosmoos mein Tisch,
die Hölle auf dem Himmel liegt,
rezykliert und naturiert,
ausgelaugte Engelein,
verfettete Teufel,
ausserdem ein kleines, blaues Paket
und nebendran:
die Schnecke mit der Raspelzunge.

O ihr pickenden Körnerfresser,
pink belippt und zugespitzt,
o göttliche Kreatur auf schleimendem Fuss:
Wann endlich begreift ihr den Sinn des Lebens?

Anatomie des Menschen

Der letzte lag tot hinter dem Fliegenbein,
weiss beflockt, ein dünnes Gelenk,
nicht des Aufhebens wert.

Folgte der Linie,
tastend, sanft,
über eine Nacht,
schamlos, heftig,
und verfluchte
sämtliche Häute
mit Haar und Seide.

Abgedorrte Pfade
wie Schnüre,
Nabelschnüre,
ins Nichts,
ins All.

Legte sie,
Goldwagenworte,
gab sie,
Containerworte,
aus der Hand,
haltlos
ins Herz.

Zwar ist Licht, Kerzenlicht,
und rundum schwarze Schalen,
doch niemand rückt,
kein Rücken,
nichts,
auch vorne nicht,
es fehlen Rücken, Menschenrücken!

Türme, alt und schwer,
Stimmen, dünn und leise,
Hände, klein und schwach,
Augen, gross und wach.

Rückbesinnung auf Dichtungen,
allein das Öffnen des Mundes genügt,
das Glück beginnt in den Fugen!

Anschaute Augen,
stummte den Mund,
kriegte die Lippen,
die Zunge wund.

Als noch die Steine blühten,
der Himmel zitterte:
Da blutete die Zunge,
tief verletzt
vom Schrei,
dem gehassten Wort.

Vielleicht meint sie Lamellen,
die dünnen Schatten an der Wand,
vielleicht hängen Sterne
oben am Gaumen.

Der Atem übergeht
lautlos
das Wörtergelammel
unten in der Stadt.

Lächeln mit Nase,
die Wahrheit trägt Brille.
Rechts liegt der Sommerabend,
hinten frisst der Wahn.

Fällt hin,
fehlt im Hirn.

Sprache

Wirf sie weg,
die Ameisen und die alten Brote!
Sprich Amen und halte den Boten!

Wegwerfen:
das Wurfgeschoss,
den letzten Takt,
dann der Punkt.
Und nach dem Wurf:
es bleibt
der Ausgangspunkt.

Werde wieder still und klein,
kleinwortig und gemein!

Was soll der Quark
ohne Stil und aber?
Was soll das Wort
ohne Kern und Gabe?

Rot wird still,
stillrot,
Stilrosen
spriessen im Dung,
stiellos und rosa.

Graues Wolkenziehen,
leise,
pinkes Sockenhängen
im Keller,
entsetztes Mundeshängen
in der Jury.

Sie warten und warten,
warten bis vorne,
Tag für Tag,
übertags und untertags,
taxlos und taktlos.

Der Buchstabe des Lächelns,
übergemalt,
hellgrün und hastig,
mit einer Prise Humor,
gespiegelt goldig in schwarz,
zerschnitten in dünne Silberlinien.

Wörter sind wie Rollen:
Manchmal,
wenn der Rost sich durchgefressen hat,
brechen sie ein.

Dann wieder Unben, noch und noch,
zu tausenden tödlich, hier und dort.
Der Schmerz geht tief,
es stirbt das Tier,
unbrauchbar,
noch und noch.

Kein Licht, kein Grün, kein Ende,
endlos Sklave,
die Endloske,
klanglos schön,
loskend.
Ganz hinten, keim End
ein klein Ob,
dann starb es.

Dann, legte ich noch ein, paar Kommas ins, Gedicht,
als verteilte ich, Küsse, über einem Grab.

Der letzte Stein,
sprachtot,
er liegt unten im Schorn.

Liebe

Liebeserklärung

Du bist so lieb und zärtlich,
wie ein Auto,
so rötlich!

Ich lieben
Fischrosen,
am Wasser stehen
und gehen.

Dann wirst du Nacht,
Nacht in allem,
alles,
in dir,
und es blühen die Nachtkerzen.

Süssholzzeiten
in den Untergewölben
des Paradieses.

Wasserwendung,
Vermilchung,
Fall und Fall,
Einschattung des Lides,
das Lied der Liebe.

Da war das Haar, das halbe,
der Schatten in der Tür
und unten ein bisschen Blut,
vielleicht war's auch ein Blümchen,
weiss und ein bisschen gelb,
auf dem der Käfer schlief.
Darüber ging der Abendwind
und Augen, müd und lieb.

Gebrochen die Liebe,
zerknittert das Mohnblütenblatt,
rot im Schatten unter der Brücke.
50 Tote stand im Morgenblatt.

Abend

Der Tag zu Ende geht
mit Notizen in Rosa.
Rot daneben liegt
Tomatenholz.
Im Garten wächst
das Abendlied.

Pinkte Notiz 125,
erzten schwarze Zypressen
überdehnt auf hohem Stiel, nackt,
und die Wintertrotzenden, reglos
vor dem Abendgewölk, gebackt.

Abends
steigt aus dem Flausen
der Dämon, nackt,
schwarzdunstend empor,
dem Himmelreich
rotgerandet ein Riss.

Dann wird er zur Welt, der Riss,
ein Leuchten -
und rundherum Nacht.

Spätsommerabend,
Lamellenhängen,
schlaff, staubig und grau.
Nebenan weidet das Schaf,
singt die Mutter:
„Schlaf, Kindchen, schlaf!"

Abendlied,
lamelliert, lasiert,
Holz, ein Kinderlied.

Schichten,
Gramms von Abendrot,
Gram.

Geäst einer Melodie,
reine Lippen,
Eden.

Das Abendwort,
so gut wie stumm
im Hintergrund.

Das Abendbrot,
so gut wie tot
im Untergrund.

Verflossen ist die Abendmilch
über die roten Berge.
Ruhe kehrt ein,
die Tüte ist leer.

Du nimmst die Stunde,
legst hin das Kleid,
küsst die Abendblüte
und gehst
in einen andern Tag.

Arithmetik

Fünf, die Gelbe,
liebte vier, die Kugel,
vermisste drei, das Haar,
suchte zwei, zwischen andern,
küsste sie, zwischen Kinn und Nase.

Zweispurig:
das Privileg des Mehrteiligen.

Einfahrt in der vierten Furche,
warme Kartoffeln unter der blauen Jacke.

Klötze, dreigefurcht im Doppelpack,
falsch gelegte Plastiksärge,
verpupptes Raupgetier, entrotisiert,
ausrangiert und mumifiziert.

Zweizehn,
zweizen
oder
Weizen,
lagen,
laakte
oder
lag,
tot
im
Brot.

Nacht

Dann war der letzte Ton verstummt,
ein paar Lichter machten Nacht,
links war der Berg,
rechts der Wald,
dazwischen die letzten Impulse im Netz.

Jetzt ist die Zeit der Lampengedichte,
die Zeit der vorstehenden Leuchtelemente
und der zu kleinen Lampenschirme.

Sie faltert
alleine,
papierbeflügelt,
von Stern zu Stern
durch die Sommernacht.

Vielleicht ist es das Tal, das du suchst,
das Dazwischen,
zwischen dem Heute und Morgen.

Die Nacht durchstochen,
Blut gerochen,
Hunde über dem See.
Ewige Sterne -
und unten das Lachen der Erde.

Es lächelte der Silbermond
mit dünnen Lippen,
glitzernd, scharf und kalt.

Murgelten Algensteine,
glücklich und rund,
unten am Grund.

Dann faltete sie die Zeit,
legte sie neben den Teller
und schlief ein.

Technik

Endloses Geschichte,
verblockt, zerDINt,
weiss, verklebt,
verschnitten.

„Endlich!", sprödete sie im Mai,
blich in den Augen des Goldes -
das war die Phosphase.
Dann erstickte sie in der Vibration der Nase,
sprang und leckte.

Ihr Innenleben
beschlagen,
beringt in der Taille,
liegt sie schräg im Cubus,
dünnhäutig, trasparente,
als sänge sie
Arien aus Italien,
was von blau in den Augen,
correctness, pet recycled, 50cl.

Rabenvögel kreisen,
Salzberge warten,
Kranen ziehen Häuser,
Häuser ziehen Geld:
Das ist die Welt!

Vergessen unter der Spur,
spurlos verschottert und verschüchtert.
Drei Erdbeeren im Brillenglas,
warm und wurzellos.

Eisen in der Sicht,
täglich,
im Träger
der Code,
der dich schützt.

Sommer

Holzbretter, Sommerwetter,
gezähnte Sägeblätter,
ganzblau ist der Himmel,
strassenwarm der Weg.

Ein Lächeln liegt
verteert im Riss,
beascht und ausgebrannt,
Signalflimmern im Süden.

Tunnelgeruch im Sommer,
feucht, süsslich.
In der oberen Etage,
Rattensekrete.
Vorne sitzt eine Dame,
Heimatgefühle.

Die letzte Kiesbank,
Sonnenstoren,
das Gespräch von nebenan,
der Abschied ist nahe -
ist das Tomatensauce?
Sie lacht.
Es ist immer dasselbe,
der Film ist dünn,
ein bisschen grün,
ein paar Steine -
das ist der Sommer am Fluss.

Teefrontseiten,
wenn draussen Regen fällt,
eingedorrt nach 19 Jahren:
Das ist der Sommer, der zu Ende geht.
Tannengefaser,
Nadelgewölk,
reiss die Wolken vom Himmel!

Tod

Eintiefung im Holz.
Wohin,
angesichts des Strömens,
des Sommers und des Todes?

Schwarzwolken
über Levens Storzen,
Nymphivibraten
über gelven Oblaten,
jung und wartend
wahrend und warzend.

Eingeschwärzt alles,
alles, bis auf den Stachel des Engels,
des Todesengels.

Das Dreigestirn und der Vielbaum
warten auf den Tod aus dem Maisfeld,
bei mässigem Blattschimmern,
beim Leuchten des Milchsterns.

Schiesst in die Lauten
mitten im Holz,
spriesst durch die Borken
Verständnis und Leben.

Fragwürdiges

Fertig
das Kraut,
der Tag, die Geduld.

Es lacht
die Kuh,
der Nerv und der Schuh.

Tot
die Maus,
die Frau und das Gnu.

Bleibt
'ne leere Dose,
Pulver und 'ne Kokosrose.

Kirschloses Jahr,
Asches Jahr,
Plastik,
Tragik,
abgefüllt in schwarzen Koffern.

Kommt die grosse Stadt,
die Dame geht.
Bleibt die Frage
und die Lebensgefahr.

Wenn die Berge schreien,
am Himmel ein roter Schlüssel fliegt:
„Warum das Loch?",
fragt das Kind,
„Wo die Sterne sind?"

Einmal war die Edition des Schwarzzahnes.
Du hast sie nicht gesehen?
Klein und zart,
wie ein Kind mit Marzipan?

Grünzeit bedeckelt,
Milchtropfen bekünstelt, gegeben,
weggetragen, belippt,
alle sind sie betaubt,
diese Kinder!

Manchmal ist es besser,
du lässt die Wolken weiterziehen,
die Bäume auf ihren Stämmen stehen
und den Wald die Füchse beschatten.

Die Einsinkung ins Kleine oder Dumme,
sie geschieht täglich,
unbemerkt,
und eigentlich ist sie schön,
die Einsinkung.

Was blieb:
eine Linie,
rosa Blüten.

Dann ging er
mit der Feuerlilie im Mund
und setzte die Unsicherheit in Klammern.